ⓒ서지민

서영식

간절한 문장

애지시선 029

간절한 문장

2009년 10월 10일 초판 1쇄 발행

지은이 서영식
펴낸이 윤영진
기 획 유용주 이정록 손세실리아
편 집 함순례
디자인 함광일 이경훈
홍 보 한천규
펴낸곳 도서출판 애지
등록 제 2005-5호
주소 300 -170 대전광역시 동구 삼성동 125-2 4층
전화 042 637 9942
팩스 042 635 9941
전자우편 ejiweb@hanmail.net

ISBN 978-89-92219-23-5 03810

* 이 책은 2009년 한국문화예술진흥위원회 창작지원금을 받았습니다.

애지시선 029

간절한 문장

서영식 시집

□ 시인의 말

엄마는
슬픔이 명치에 걸려 퍽퍽 가슴 치다 죽었다.
이 몸엔 그토록 슬픔이 지나는 길 하나 없어
나는 슬프게도 슬픔에 체해 본 적 없다.
슬픔은 나의 밖에서 모두 나를 스치고 떠났거나
나라는 벽에 부딪쳐 죽은 주검들이었을 뿐.
슬픔이 이 몸을 흐르다 멈춘 적 없어 나는
산 슬픔이 얼마나 뜨겁고 숨통 조이는 것인지
그 날것에 가슴 쳐본 적 없다.
눈물이 흘렀으나 그것들 모두 나의 슬픔이 아니었고
가슴이 아팠으나 그것들 모두 내 밖의 슬픔들이었다.

여기, 어떤날은 간절하게
어떤 날은 즐겁게 옮겨쓴 나날들을 풀어놓는다.

외로움은 모두 허기에서 오는 것이라던
한 영혼에게 이 시집을 바친다.

2009년 가을
서영식

차례

제2부

제3부

제1부

역으로 가다

부고를 받고 급히 역으로 갔습니다 남은 자리는 역방향뿐이라 하였습니다 역으로 가는 방향이라니, 나도 이 역에서 그 역으로 가는 길이라 선뜻 얹혀가겠다 하였습니다 역으로 가는 자리에 얹혀가는 몸이라 자릿값도 헐었습니다 얹혀간다는 건 스스로 방향을 가늠하지 않아도 되는 일이라서 나는 그많은 역들과 풍경들을 등으로 밀고 갔습니다 얹혀가는 그 방향에는 또 스치고 마는 풍경이란 없어서 보이던 것들이 휙 하고 사라지는 일도 없었습니다 되려 보이지 않던 풍경들이 하나씩 나타나 멀리서 산이 되고 있었습니다 얹혀산다는 게 이런 거구나 싶었습니다 보이던 사람들이 순식간에 사라지고 잊혀지는 그 방향을 순방향이라 불러도 될 일인가 하면서, 의자 하나 거꾸로 놓고 앉아 나를 휙 스치고 떠난 사람을 나는, 역逆으로 찾아가고 있었습니다

내객來客

누런 쌀밥을 한 입 떠 넣고
삭은 깍두기를 씹는 밤
오득, 오드득 입 안에서
눈 밟는 소리 들려온다

산 입에 어찌 눈이 쌓였는지
누가 이 몸을 걸으려는지

눈 내리는 겨울 덕장
입 벌린 명태 속으로 걸어가는
싸락눈 같은
눈발이 눈발을 밟고
텅 빈 몸으로 드는 소리 같은
오득 오드득

눈발 성성한 입 속, 까마득한
거기가 덕장이다

납이다

풀잎처럼 휘어진 낚싯대를 보고 있었다 그때 납이다! 아이가 소리쳤다 그래, 저건 고기가 아니라 납덩이가 낚싯줄을 문 것이란다 다시 납이다! 아이가 소리쳤다 그래, 납이다 먹먹한 물 속에 가라앉아 숨을 참고 기다리는 거란다 다시 납이다! 나비다! 소리치며 아이가 뛰어갔다

아 나비, 추락을 반복하는 무거운 날갯짓 허공을 이고 나는 위태로운 비행의 저것도 강물 속 봉돌처럼 자꾸만 가라앉으려는

납, 나비다

그림자

신호를 기다리고 섰다가 보았네
도로로 밀려나 있던 내 그림자
달려오는 차를 뛰어넘고, 뛰어넘고
또 뛰어넘고 있었네
그것이 진정 무기력증에 걸린
내 그림자가 맞는가 싶어 나는
얼른 손을 들어 보았네
막 트럭을 뛰어넘던 그림자가
맞다고, 제가 내가 맞다고
트럭 위에서 손을 흔들어주었네
그리고 다시 바닥에 엎어졌다가
바퀴가 바짝 다가올 때까지 미동도 않다가
순식간에 허리를 접어 차를 피하곤 하였네
나는 그냥 서 있기만 하였을 뿐
믿을지 모르겠으나
내 그림자가 저 혼자 그러고 있었네

나는 세었네
집으로 오는 내내 내가 아니 내 그림자가
여덟 번 허리를 꺾어 골목을 지나고
여섯 번 난간에 몸이 잘려나가고
네 번을 절벽에서 떨어졌다가
간신히 기어 오르고 하는 것을
그렇게 셀 수도 없이 벽 앞에서
낭떠러지에서 어둠에서 낭창낭창
죽었다가 깨었다가 하는 것을

홍탁

문득 홍어에 탁주가 생각나는 것이었다
잘 삭힌 그런 안주들은 잘 삭은 술집에서
제법 삭은 내를 풍기는 사람들만 먹는 것 같아서
나같이 설익은 사람들은 얼씬도 못하는 데 같아서
미루고 미뤘던 홍탁을, 오늘은
떼를 써서라도 먹고 싶은 것이었다
홍탁이 홍어와 탁주가 붙어 생긴 말이라는 것을
홍어와 탁주를 먹어가면서 흔흔하게 취해가면서
절실하게 배우고 싶은 것이었다

잘 삭은 홍어 같은 사람 앞에서
하르르 무너져내려도 좋을 허름한 술집 귀퉁이에서
홍탁은 이래서 삭고, 生은 이래서 삭아
홍어와 탁주가 사는 맛과 다를 바 없는 것이라고
홍어나 삶 같은 말을 홍탁처럼
찰싹 붙여 설명해줄 수 있는 사람과
하루고 이틀이고 취하고 싶은 것이었다

내가 조용히 막걸리 사발을 내려놓을 때
한 점 잘 삭은 홍어를 입에 넣어주는 사람
그리고 나는 말없이 고개를 숙인 채
입 천정이 다 헐도록 씹지도 않고
홍어나 삶이나 하는 그 시큼한 몸을
성체聖體처럼 가만가만
녹여먹고만 싶은 것이었다

압화

꽃비 내리는 길 차창에 치여 죽는 꽃잎들을 아름답다고 말하려 했지 길 위에 핀 붉은 꽃 한 송이 보기 전엔 생의 부기가 빠져나간 짐승의 흔적 무게가 피운 꽃 한 송이 보기 전엔 무게는 모든 짐승의 종교라지 짐승은 무게를 십자가처럼 짊어지고 사는 교도라지 그것의 교리는 무게를 믿고 무게에 순종하는 것 그리하여 제 짊어진 무게로 끝끝내 꽃이 되는 것이라지 이 꽃길에서 동백처럼 순교한 짐승을 타넘고 그리워지는 이웃들 무게에 눌려 살다 무게의 이름으로 화장花葬 된 몸들 시체 같은 꽃잎들

살아 이 무게, 죽어 꽃이 되는 것이라면
아름답다 꽃잎들, 무게들

과녁

거미가 제 집의 중심을
온몸으로 움켜쥐고 있다

삶은
거지중천에 과녁을 걸어
끼니의 표적이 되는 일이라는 듯
먹이에게 심장을 내어주느라
때때로 가슴도 저미는 법이라는 듯

거미 한 마리 과녁의 중심에서
제 심장을 향해 날아오는
살 같은 먹이를 기다리고 있다

꽃

나 또 태어나면
꽃이었음 좋겠네

활짝 폈다는 말이
살만하다는
비유가 아니라

그대로, 生인

걸음의 배면

퇴근 길, 낯선 사내의 뒤를 따라 걷다가 아득한 틈 속으로 쉴 새 없이 걸음을 찍어 넣는 사내의 뒷굽을 따라 걷다가 질겅질겅 질긴 발자국을 씹으며 걷는 사내의 고단한 엉덩이를 따라 걷다가 누군가 씹다 뱉은 걸음을 찍어 먹는 내 뒷굽의 가공할 먹성을 생각하다가 도무지 보이지 않는 내 걸음의 배면은 어떻게 생겨먹었는지, 제 걸음을 먹어 치우느라 볼기짝 그득 발자국을 채우고 어기적어기적 걷는 사내들, 아비들, 어미들의 그 초라하고 쓸쓸한 식사를 보며 걷는 퇴근 길

비창悲槍

이건 동물의 왕국에서 있었던 일이에요. 굶주린 당신이 먹이를 찾다가 벌통을 보았어요. 한입에 벌통을 낚아챈 당신의 등짝으로 수천 마리 벌떼가 침을 쏘고 죽었어요. 당신은 죽지도 않고 벌통을 씹어 먹었는데 그만 벌이 되고 말았어요.

이건 동물의 왕국에서 있었던 일이에요. 굶주린 당신이 꽃을 찾아 벌통을 채우고 있었어요. 그때 늑대가 나타나 한입에 벌통을 삼켜버리는 것이었어요. 당신은 꼬리침을 잔뜩 빼내어 늑대의 등짝으로 날아갔어요.

이건 동물의 왕국에서 있었던 일이에요. 굶주린 당신의 벌통을 씹어먹는 늑대의 등짝에 수천 개의 벌침이 꽂혔어요. 바닥으로 벌들이 곤두박질쳤어요. 늑대는 꿀을 먹다 말고 돌아서서 당신에게 물었어요.

"너는 왜 그 침을 꽂고 죽어버리지 않니?"

이건 동물의 왕국에서 있었던 일이에요. 당신은 당신에게 물었어요. 네게 단 하나뿐인 창이 있다면 그 창과 함께 목숨도 던져야 한다면 창은 무엇을 보호하는데 쓰겠니? 단 한번 목숨 건 방어를 위하여 얼마나 많은 쳐죽일 일들 앞에서 너는 창을 거두어야 할까?

이건 동물의 왕국에서 있었던 일이에요. 꿀을 다 먹은 늑대가 죽은 벌들을 밟고 유유히 숲으로 걸어 들어갔어요. 당신은 꾸역꾸역 침을 밀어 넣고 늑대의 마을로 다시 꿀을 찾아 날아갔어요.

쉿, 이건 동물의 왕국에서 있었던 일이에요.

창漲

사내는 질긴 물의 발자국을
서걱서걱 긁어내고 있었다
끝없이 제 발목을 이어붙이는 파도처럼
방바닥에서 오래 물결이 일었다
배불리 물을 마신 꽃잎들은
벽을 걸어나와 곤하게 드러누웠다
사내는 땅 속에 박힌 방에서
또 한 철 안전했다고
세간처럼 얹어둔 아이를 내려놓았다
발목만 흘러다니는
그 방의 배수구는 너무 높았다
창의 저편에서 검은 발목들이 쏟아져들까
사내가 쳐둔 철망에 여자는
낡은 환풍기처럼 매달려있었다
아직 살아있느냐고, 물의 손가락들이
쿡쿡 여자의 코를 찌르는 아침

젖은 발목들
배수구 저편에서 흘러가고 있었다

배의 밑동을 생각하다

사내의 손에 동전을 쏟았다
순간 훅— 끼쳐오는 바다냄새
머리 위로 뻗은 옴폭한 손이
표류한 한 척 목선 같아 보였다
터진 그물처럼 풀려있는 손금들
그 사이로 새 나간 날들과
격랑에 내어준 넓적다리와
사내를 여기까지 끌고 왔을
바람을 생각했다
그 손 끝에 간신히 걸린 노의 양끝이
게눈처럼 나를 노려보고 있었다

집으로 돌아와 얼굴을 씻는다
등을 웅크리고 물을 담은 손을 보면서
내게 주어진 오래된 배 한 척을 보면서
그 안을 그득 채운 것들을 생각한다
마디마디 이 촘촘한 그물을 가지고도

나는 왜 한번도 만선이지 못했던가

배의 밑동으로
뿌연 거품들 새 나가고 있었다

엉킨 실타래 푸는 법

공 던지기 전 마운드에 선 투수가 삼루를 보며 쓱쓱 두어 번 땅을 밀잖습니까 그러면 지구 끝에서부터 썩은 땅들이 두어 발자국씩 철조망을 넘고 군중을 지나 야구장을 거꾸로 걸어가지 않겠습니까 그러면 얼마나 좋습니까 두어 발자국씩 바닷속 잠겼던 땅들이 모래를 털고 방긋거리며 일루로 걸어오지 않겠습니까 썩은 땅들이 푸른 바다로 밀려들어가 지구 반대편에서 축축한 밀림으로 다시 태어나지 않겠습니까 죽여야 좋습니까 볼넷도 주고 홈런도 맞아야 쓱쓱 땅을 미는 횟수가 많아지지 않겠습니까 지구 건너편엔 가난한 어린 타자가 타석에 서서 누더기 공을 주먹밥인양 기다리고 있습니다 아이의 아버지가 바다를 건너 타석에 서 있지 않습니까 그 공이 홈런으로 장외를 뻗어 바다를 날아 아이에게로 간다면, 다음 타자가 나오는 동안 쓱쓱 두어 번 땅을 미는 투수가 웃지 않겠습니까 태평양, 대서양 깊은 저층의 바닥들이 두어 발자국씩 육지로 기어와 철조망을 찢고 환호하는 군중이 되었다가 다시 희망을 던지는 마운드로 봉긋 솟구칠 때까지, 아웃을

없애면 어떻겠습니까

그렇게 지구 한 바퀴만 돌려본다면, 엉킨 실타래는 거꾸로 푸는 것이 낫지 않겠습니까

객

— 김명문 할아버지께

아무도 들여다 보는 이 없다 한다
드나드는 벌레가 객 같단다
아무도 열어주지 않는 문짝을 열고
매일 밤 입관하듯 잠든단다
잠이 길거들랑 끌어내어나 주라고
겨울 방문은 숫제 열어둔다 한다
얼려 죽일 바람도 먼 객이려니
얼어 죽을 일도 없다 한다

그 몸에 빚진 자 하도 없어서
몸에 들일 자 아무도 없다 한다
끼니는 드문드문 찾아와서
명줄만 잇고 가는 객이라 한다
아직 그 몸 떠날 객들이 남아
자꾸 가벼워만 진다는데

그는 그 쪽방의

너무 오래된 객이었다 한다

쥐며느리는 공벌레가 아니라서

공벌레다!

땅을 파고 놀던 딸아이의 소리

아이야 저건 공벌레가 아니라 쥐며느리란다 쥐며느리는 공벌레가 아니라서 허기 앞에서 동그르르 배를 부풀리지도 못하고 공벌레가 아니라서 쥐며느리는 죽음 앞에서 데구르르 빠져나오지도 못한 채 저렇게 배를 보이고 죽는 것이란다 배를 보이고 죽는다는 것이 배를 지키지 못하여 죽는다는 말이라면, 산다는 것이 저 작은 배 하나 지키는 일이라 말한다면, 세상의 모든 짐승들이 배를 땅에 붙이고 사는 이유가 바로 저 배 하나 지키는 것이었다 말한다면, 선 채로 고스란히 바람을 맞는 사람의 배는 얼마나 슬픈 것이겠느냐

아가, 우리 저 쓸쓸한 배부터 묻어주자꾸나

제2부

발톱

살을 파고드는 발톱에 잠을 설친다
몸은 밖으로만 열려 있어
한번 걸어나간 걸음은 물려지지 않는 법
네가 걸어낸 그 많은 길 중에
무르고 싶은 걸음 왜 없었겠는가마는
둥근 발톱이여!
발가락 속으로 들어가는 문은
일찌감치 폐쇄되었다

나 몸 속으로
다시 들고 싶은 날 많았으나
어미도 나를 밀어내고 몸을 닫았다
몸을 태워 몸으로 향하는
모든 틈을 메웠다

나도 너처럼 둥글게 몸을 말고
몸 밖에서 오래 서성거렸다

감기

나는 입을 열고 그는 귀를 막는다 나는 숨을 멈추고 그는 귀를 막은 채로 나를 듣는다 세상엔 귀를 막아야 들리는 소리가 있거나 나를 읽기 위해선 좀 더 긴 귀가 필요하단 것이다 그는 늘어진 귀를 가슴에 붙인 채 나의 병명을 들었다 잠시 후 모든 건 기침 때문이라고 말했다

아비가 평생 헛기침만 하다 갔다 어미의 구멍 난 폐 속에 집을 얻어 산 적 있다고 했다 바람이 몹시 불던 날 나는 기침처럼 엎어졌다고 했다 일어나 보니 무덤들은 쓸려가고 없었다고 했다 그러나 그는 대꾸가 없었다

도무지 해독되지 않는 경문을 들고 이틀 분의 약을 짓는다 밀실로 들어간 그녀가 나오지 않는다 언제부턴가 그녀도 증상을 묻지 않고 약을 건넨다 모두가 입을 믿지 않는다 입 밖으로 쿨럭 기침이 튀어나온다 손바닥에 흥건한 홀몸, 홀몸들

기침처럼 홀로된다는 것, 그들은 이런 식의 전염을 두려워하는 것이었다

꽃피는 용호동

오륙도 돌아가는 길에는 문둥이 집들을 끼고 바다로 가는 샛길이 있지요 거기 문둥이 콧구멍 같은 집들이 친친 붕대를 감고 허옇게 말라가고 있지요 사람은 없고 바람만 사는 촌락 앞으로 섬 하나가 생겼다 떨어지곤 하는데요 그 앞으로 낡은 버스 한 대가 새벽 계란 팔고 돌아오는 문둥이들을 부려놓고 민둥한 발등 같은 종착역을 휘 돌고 떠나면 바로 아래서 쉬이 날숨 쉬는 해녀가 젖은 해삼을, 방금 떨어진 문둥이 거시기 같은 해삼을, 잡으면 아직 사내라고 뻣뻣하게 솟구치는 해삼을 디밀기도 하는데요 그 옆으로 섬에 사람을 퍼다 버리는 배가 들락거리고, 더 잃을 것 없는 사람의 틈바구니에 끼어 내가, 문둥이가 되어 떠났지요 그 후로 섬과 섬을 돌고 물의 이 끝과 저 끝을 돌고 산과 들의 기슭을 돌다 닿은 허물어지는 스레트집, 돌가루가 문득문득 떨어지던 집인데요 거기서 문둥이 손가락처럼 아비가 떨어지고 어미가 떨어지고 지붕도 떨어져 내렸는데요 그래도 거기가 젤입디다

장가 가는 날 오륙도 돌아가는 연락선이 수시로 들락거리던 그녀 목청이 그리워서, 나 연락선이나 되어 들렀다고, 떨어진 살점들 이름을 하나씩 불러보았는데요

그 바다 대여섯 섬들은 지금도
사소하게 붙었다가 떨어지곤 한답니다

사계

봄, 삼월인데 눈이 내렸다 아카시아 몽우리에 쌓인 눈의 힘으로 가지 하나가 툭 부러졌다 슬레이트 지붕에 틈이 열렸다 그 봄, 눈보라 속에서 나는 맨발의 어미가 틈 속으로 걸어 들어가는 것을 보았다

여름, 신발공장은 무더웠다 어린 시다는 푸른 매생이국을 피해 그 점심, 산길로 무단 퇴근을 하고 있었다 무릎을 깨며 다시는 공장 밥이 맛있다는 거짓말을 하지 않겠다고 다짐했다

가을, 다리를 절던 아비가 웃었다 수요일이었고 늦은 코미디 프로를 보고 있었다 우리는 얌전히 누워 갑자기 펄떡거리며 심장을 움켜쥐는 아비의 개그를 보았다 그 가을, 낙엽은 코미디처럼 우습게 졌다

겨울, 사체는 더 이상 사람이 아니라 물건이라는 사전의 의미를 보고 나는 불을 지펴 아껴둔 물건들과 이별하

였다 어미라는 물건과 아비라는 물건을 태우고 나는 빗속으로 걸어갔다 시간이 멈추어주었으면 하였을 때 마법처럼 세상의 모든 시간이 정지해 버렸다

타다 만 어미의 구두와 아비의 외투들, 그 위에 멈춘 빗물과 중력과 비릿한 속력의 정지들, 검은 허공에 떠 있는 치명적인 빗방울들, 나는 그 살촉들을 뚫고 한 걸음도 나아갈 수 없었다. 그 밤 나는

死界에서 오래오래 막막하였다

틀니

1.
아버지는 좁고 깊은 물 속에 틀니를 넣어두었다

2.
언젠가 갓 삶은 옥수수를 꺼내다 놓친 적 있다 아니 물린 적 있다 옥수수가 손가락을 물고 파드드득 방 한 구석으로 날아간 것이다 그것은 짐승의 몸에 기생하기 이전의 이빨, 그러니까 이빨의 기원이었다 온몸이 이빨인 날짐승은 쉽게 잡히지 않는 법, 막장에서 뛰쳐나온 이빨을 나는 물끄러미 바라볼 수밖에 없었다

누가 나의 방문을 두드린다면 옥수수는 방에다 풀어 놓고 기르는 짐승이라 말하려 하였다 이빨도 키워서 잡아먹는 가축이라 말하려 하였다 이빨은 나의 미래 식량이라고, 별을 씹어먹기 위하여 나는 보양식을 길러 먹을 것이라고 말하려 했다 그러나 아무도 그 방을 찾지 않았다, 나는 옥수수를 잡아먹었다

옥수수에게 영구치란 없다 놈의 몸에서는 늘 이빨이 돋는다 그건 먹이를 유인하는 일종의 사냥법 고양이가 잇몸을 뜯어먹으려 갈 때 놈은 숨을 죽이고 기다렸다가 흡반 같은 그 빼곡한 잇몸을 붙여 고양이를 빨아먹는다 후식처럼 날카로운 고양이의 이빨을 씹어먹고 놈은 좀 더 무지막지해진다 때때로 골목에서 사람이 죽는 이유를 사람들은 아직 겨울 탓이라 믿는다

그래서 나는 기다렸다 옥수수가 내 방의 귀퉁이에서 장판을 다 뜯어 먹을 때까지 내가 오래 씹던 방을 옥수수가 잠시 씹는다 하여 옥수수가 내 방의 천적이 될 수 없다는 것을 나는 잘 알고 있었다

3.
아버지는 매일 밤
이빨을 깊은 물 속에 가두어놓았다

아카시아 향수

알로! 그 집엔 지붕이 없었어 뒷담에 덩치 큰 아카시아 나무가 있었지 봄이면 간신히 지붕이 되어주었던 아카시아 서까래 아카시아 기와들 생각나? 처마 아래로 꽃잎기와들이 우수수 무너져 내리던 그 지붕 아래서 우리는 꽃기와를 이마에 붙이고 쓰러진 채로 행복했지 하늘에서 짙은 봄 냄새가 났어

알로! 그 집엔 아랫목이 없었어 몇 장의 나뭇잎이 있긴 했지만 우린 동사한 잎들처럼 바스락거렸지 뒷담으로 덩치 큰 아카시아 나무가 있었는데 겨울 내내 언 구들로 긴 발목을 밀어넣었어 생각나? 구들 아래로 아카시아 뿌리가 자란다는, 그래서 집이 무너질 거라는 말에 울며 톱질했던 우리 알로, 그 날에도 꽃잎은 축제처럼 춤을 추었어

잊고 살았던 향이 피어나네 알로, 봄이야

극빈

덤불 속 둥지로 들기 위하여
새는 일찌감치 날개를 접는다
새인들 사방으로 난 가지를 어찌하겠는가
방으로 드는 길이 험해서
새는 문짝도 달지 않는다

성가신 골목 속에 든
그런 방에 산 적 있다
어미인들 그 많은 굴곡들을
다 어찌했겠는가

달세 두 달 밀린 날
드나드는 일이 불편할까
주인집 아들이 문짝을 뜯어갔다

가지 많은 방엔, 날개도
문짝도 어울리지 않는다

트루먼쇼

뉴스가 우주에 커다란 구멍이 있다고 말했다 뉴스는 곧 끊겼다 나는 하늘을 올려다보았다 비 내리는 구멍을 의심해 보았으나 나는 구멍 밖으로 빨려나가는 별들을 보지 못했다 견고한 우주에 구멍이라니, 그러나 나는 두려웠다

내가 부친 실종신고 엽서들과 은하로 가는 대합실에서 실종되었다는 사내들과 나를 낳은 부모들은 모두 어디로 사라진 것일까? 구멍 밖으로 잇닿은 주소를 알고 싶었으나 우체통은 벌써 혀를 말아 넣었다 나를 비추던 조명들도 모조리 고개를 돌렸다 언제부턴가 가로등은 너무 촘촘하게 박혀 있는 것 같았다

서둘러 아침이 왔다 우체부가 문을 두드렸다 누군가 우주에 난 모든 구멍은 블랙홀이라는 엽서를 보내왔다 우체부는 입이 없었다 갑자기 눈물이 나오지 않았다 모든 구멍은 서둘러 메워지고 있었다

* 전 세계의 시청자들이 TV를 통해 그의 탄생부터 드라마로 지켜보고 있으나 정작 본인은 거대한 세트장에 갇혀 알지 못한다는 내용을 담은 짐케리 주연의 영화.

로드킬

너는 행려병자였다 그 길에서 너는 걸으며 아팠고 선 채로 아팠다 너는 아프기 위해 떠돌았고 길과 통정하기 위해 쓰러졌다 너는 길에서 통증을 배고 길 위에서 진통하고 길 위에서 사산했다 길에 굳은 돌멩이를 낳고 너는 돌멩이의 아비가 되었다

너의 걸음은 너를 밀쳐내고 죽었으므로 너는 네가 걸은 걸음의 이력을 되걷지 못했다 너를 부축하느라 너의 걸음은 더뎠을 뿐 때때로 걸음이 산 채로 쓰러졌으나 그건 모두 과거의 이야기들, 모든 길에서 뒤꿈치는 늘 먼저 닿아 늘 먼저 죽었다

너의 옷은 길의 색을 닮아갔다 길의 웃음과 길의 울음소리를 냈다 옷에서 길의 각질이 떨어졌고 길의 맛이 났다 옷에서 길의 냄새와 길의 꼬리가 만져졌다 그러나 옷은 길처럼 말이 없었다 너의 옷은 처음부터 너의 것이 아니라 길의 외피였다

너는 하나의 돌멩이를 밀어내고 죽은 걸음들을 묻어주고 채 죽지 않은 뒤꿈치의 부축으로 걷다가 길의 거죽에 묻혔다 너를 닮은 모든 길들이 그렇게 죽거나 그렇게 앓았으므로 나는 슬프지 않았다 차라리 모든 너는, 나는, 길위에서 사산된 돌멩이의 돌멩이의 돌멩이였을는지 모른다고 생각했다

꽃게

냄비 속에서 꽃이 핀다
딴딴한 등짝에서 욕창처럼 붉은
거품이 묵직하게 떠다니다
비명처럼 터진다

어미의 등짝이 꼭 저런 꽃등
온통 붉은 꽃등이었다

종種의 이름에 꽃을 달기까지
저 등짝도 얼마나 많은 꽃잎을
떨구어내었을까

피 묻은 상처를 닦아내듯
뭉개진 거품을 걷는다

붉은 등짝 위에서
꽃들, 피었다 진다

유산

내 어머니가 준 유산은
머리카락이다 곱슬곱슬한
쉰 머리 두 개가 전부다

어머니를 닮아 얇디 얇았다
굽고 또 굽었다

거머쥔 유산을 날릴까 싶어
그날 나는 손도 못 폈다
그 잘난 유산 챙겨 들었다고
손도 안 흔들었다

주먹만 쥐었다

회전문에서 길을 잃는 사이

벽이 말랑해지는 사이 벽을 밀고 들어가는 사이 벽에서 빙글 몸을 굴리는 사이 벽 안의 세상을 잠깐 엿보는 사이 포르말린 냄새를 맡는 사이 벽 안에서 길을 잃는 사이 벽 너머에서 누군가가 빙글 돌아 들어오는 사이 사내와 내가 나란해지는 사이 힐끗 눈을 맞추고 저기 초면에 합체나 하시죠 통성명을 나누는 사이 서로가 없어지는 사이 내 안을 그가 밀고 들어오는 사이 근친의 얼굴을 잊는 사이 이건 뭔가 잘못되고 있어 뒤돌아 나를 꺼내줄 순 없는지 나 이대로 갇혀도 되는지 닫힌 벽 속에서 울고 싶은 사이 뒤를 이어 벽 속으로 몸을 던지는 다급한 누군가에게 뒤도 막혀버린 사이 이러다가 영영 벽이 되겠다 싶은 사이 문이 등을 떠미는 사이 이상한 나라의 폴이 된 사이 모두가 멈춰 있는 사이 벽 속에서 니나를 생각하는 사이 저편의 한 벽이 물렁거리는 사이 벽의 저편으로 빠져나가는 사이 벽이 퉤 하고 나를 뱉어내는 사이 조금 더 일찍 오셨어야죠 대마왕이 니나를 데려가고 말았어요 다시 문을 돌아나가는 사이 벽 안에서 영영 벽이 되고 싶었던

짧은 봄날,

그 문을 드나드는 사이

파랑주의보

아버지가 액자를 걸었다 바다는 반듯하게 잘려 있었으나 파도가 높았다 파도는 높은 데서 멈추어 있었다 파도 위에 먼지처럼 노란 달빛이 쌓였다 그건 바다가 아니라 파도나 달의 그림이라 부르는 편이 옳았다

바다를 벽에 걸었을 때 지하 셋방에 처음으로 창이 생겼다 그 후로 내겐 액자를 창이라 부르는 버릇이생겼다 파도는 창 밖에서 방안으로 넘어오지 않았다 나는 창 밖을 내다보는 것이 좋았다 창 밖에는 늘 파랑주의보가 내려져 있었으므로 배 한 척 지나가지 않았다

술에 취한 아버지가 휘청거리던 날이었다 어머니를 때리다가 그만 창을 건드렸다 바다를 막고 있던 유리창이 와장창 깨졌다 굳어있던 파도가 부서져 내렸다 파도에 쌓여있던 달빛도 무너져 내려 방은 갑자기 캄캄해졌다 우리는 파도에 뒤엉켰다 창에서 기러기 떼가 날아들어 끼룩끼룩 울었다 만조였고, 물은 짰다 어머니는 어디론가 쓸려

가고 없었고 아버지는 쓰러져 있었다 깨진 유리가 모래알 처럼 반짝거렸다 엎어진 우리 위로 바다는 계속 넘어오고 있었다 눈을 뜨면 절정이었다

창에 다시 유리를 끼웠다 바다를 다 쏟아낸 액자에 다시 바다가 차고 달이 차고 파도가 차올라서 평온했으나 언제든 파도는 우리를 삼킬 태세였다 그 후로도 달이 차기도 전에 바다는 자주 범람했고, 파도는 자주 허물어졌다 그 방에 한번도 파랑주의보가 해제된 적이 없었다

송시

개미가
죽은 개미를 물고간다

개미는
손가락이 없어
산 입에 송장을 문 게 아니다

슬픔을 메우느라
차라리 저 몸에 입을 문은 것

우리, 저와 같아서 사랑한다
그 말이 슬픔을 문 듯하여

이 길
나는 너를 물고, 슬프다

접신

건조한 꽃잎이 풀린다
찻잔 속에서 꽃대도 없이
말라 죽은 국화가 핀다

숨 놓은 게 아니다
밥 한 술 떠 먹이면
화색이 돌 거라고 울었던
그 날처럼
어머니 훌훌 삼베를 벗는다

죽은 꽃잎이 벗은 수의를
허공이 받아 입는다

콧속으로 그녀, 들어오신다

얼룩

땅을 파고 놀던 아이가 흙 한 줌 던지네 바닥에서 오래 죽었던 흙이 깨어나네 공중은 바람의 무늬를 입고, 바람의 얼룩이 되네 버스를 기다리다 나는 허기진 바람의 창자 속으로 빨려드네 질끈 눈을 감네 얼룩은 눈알을 어둠쪽으로 몰고 가는 방법을 알고 있었네

어깨에서 검은 발바닥이 돋네 발가락도 없이 골목 담장을 기어오르네 저녁이 붉은 흙물을 들이네 얼룩 속에서 흙을 파며 어미를 기다리는 아이를 보네, 새까맣게 아이를 삼키는 밤의 얼룩을 보네

얼룩을 밀고 버스가 오네,
나는 버스 속으로 스며들었네

제3부

호칭

저기요
너는 나를 이렇게 불렀다

네 곁에서 나는
저ㅡ어ㅡ기
먼 풍경이 되다가
무관심이 되다가
우주만 한
배경이 되다가, 저기
까마득한 별이 되었다

저기, 너는
나를 이렇게 멀리 보내두고
갔다

소통

둥근 수반 속 금붕어들이
동그랗게 입술을 말아올리고
물 밖으로 내뱉는 소리들을
나는 알아듣고 싶은 것이다

수조 속 늙은 고기떼들의
언어를 받아 적어보면 안다
동그란, 동그란, 동그라미 속
물고기들의 낱말들은 수면 위로 떠올라
물 밖에서 바람과 소통한다는 것을
그것은 물 속에서 띄우는
바람의 상형문자라는 것을

나도 그런 언어를 갖고 싶은 것이다
물 속에서 물을 비집고 물의 틈을 여는
심해에서 띄워올리는 낱말이
나와 상관없는 먼 세계에서

사랑이 되기도 하고 고독이 되기도 하는
아무에게 보이지도 읽히지도 않는

저 둥글고 힘센
물고기의 주둥이를 닮은 말 하나를
먼 외계로 띄워올리고 싶은 것이다

나비 화석

일억만 년 전 죽은 나비가
죽어서 건넌다는 망각의 강에서
화석이 된 채로 발견되었다

나비는 왜 그 강에서 죽었을까
그 강을 목숨 걸고 날아야 했던
운명은 무엇이었을까
그토록 급히 지워야 할 일들과
강의 저편에 살아서 닿아 풀어놓고 싶었던
산 기억들은 다 무엇이었을까

날개가 꺾인 채
기억의 무게에 눌려 죽은 나비에게
나는 아무것도 묻지 않았다

서둘러 잊히기 위하여
오래전 나를 다녀간 자들이

모두 입을 틀어막았었던 것처럼
나비는 날개만 남겨둔 채 입을 지웠다

투명한 시공時空의 두께 속에서
검게 썩은 비행의 기억들만이
그건 모두 몸부림이었다고
꺾인 날개 틈 사이로 입을 연다

기별

그래요, 죽음은 그런 걸 거에요
살아있는 생명들은 하나도 사라지지 않을 거에요
— 홍희담 〈깃발〉 중에서

때때로 바람은 고비에서 타클라마칸에서 시베리아에서 죽는다 사막에서 죽은 바람은 모래알갱이로 시베리아에서 죽은 바람은 눈덩어리로 아직 죽지 않은 산 바람에게 제 살점을 먹인다 너는 죽지 않았고 바람이 되었다 한다 용두산 공원에서 부산역에서 수정동 어귀에서 너는 너의 산 살점을 뜯어 고독과 외로움 따위로 허기진 새들과 새를 닮은 목숨들을 먹이고 돌아왔다 한다 그리하여 지금 네게 남은 것이 희디흰 뼈뿐이라 한다 그렇게 산 목숨으로 조장터에 던져진 너를 기억한다 너의 살점을 물고 떠난 새들을 기억한다 바람이 네 텅 빈 뼈 사이를 훑는 곳 거기가 고비다 까마득한 시베리아다 오지다 아직 살았다는 기별을 듣고 너를 죽지 않는 바람이라 부른다

장마

비 묻은 도로에서
거죽 찢기는 소리가 납니다

구름의 외피를 뜯어 입고
긴 우기를 건너는 검은 바퀴들

거죽을 다 내어주고 드러눕는
구름의 흰 알몸 속에서도
속도는 줄지 않습니다

자도 자도 여기는 새벽이고
창 밖은 너무 긴 도륙입니다

페르소나

가면이 떠다니는 꿈이었다 둥근 얼굴들이 덕지덕지 달라붙는 꿈이었다 온몸에 얼굴을 붙인 채 휘청대는 걸음마다 얼굴이 드러눕는 꿈이었다 나를 사랑하여 오랫동안 나를 범해온 너의 얼굴들을 눈알이 없는 탈을 쓴 채로 조근조근 밟고 다니는 꿈이었다 발 아래서 낯익은 얼굴들과 나를 닮은 얼굴들이 부서지는 꿈이었다 조각 난 얼굴들이 말을 거는 꿈이었다

꿈에서 간신히 깨어나 앉아 술을 마시는 꿈이었다 만져지는 얼굴에는 땀과 신열과 낯선 언덕들뿐, 꿈에서 얼굴을 잃고 나의 가장 먼 남이 되고 마는 꿈이었다 나를 덮었던 이불이 둥글게 부풀어 있던 꿈이었다 낯익은 얼굴들로부터 밀려나와 술이나 먹는 딱한 나, 혹은 나의 오래된 역신疫神에게 내가 자꾸만 술을 부어주는 꿈이었다 새벽이 어둠을 닮아서, 가면이 얼굴을 닮아서 참 다행스러운 꿈이었다 우두커니 식탁에 앉아 아침에 쓰고 나갈 표정들을 고르던 꿈이었다

뒤통수가 없는 가면들, 지어도 지어지지 않는 표정들, 깨어도 깨지 않는 꿈이었다

소나기

7번 국도 숲길을 달리다가
이쪽 나무에서 저쪽 나무로 건너던
새를 치고 말았다 살아라 죽지 마라
빵소니를 치면서 빌었다
차에 있던 사내들도
입을 굳게 다물어 주었으나
우리는 이미 참담했다

얼마나 도망쳤을까
툭 차창에 새 발자국이 찍혔다
툭, 툭 날개도 없는 새의 무리가
유리를 쳐대고 있었다 잠시 후
후—두—두—두—둑
일제히 달려드는 새 떼들
날개 없는 발목들
차창에 홍건한 새들의 발바닥들과
나무와 나무 사이에서 죽은

새들의 붉은 주검들이 차를 세웠다

하늘을 빼곡히 채우고 달려드는
객사한 새들의 주검 앞에
나와 속력과 무의미한 약속들이
모두 검거되었다

폭풍주의보

태풍이 다녀간 아침
풀잎에 달팽이 한 마리 기어간다

간밤의 소용돌이를 등에 이고
오래전 죽은 바람의 화석을
저 딴딴한 등짝에 가두고
바람의 작은 알갱이가 풀을 흔든다

질긴 바람의 궤적을 그리며
세상을 바람의 끝점으로 데려가기 위해
바람의 어린 알갱이는
공중에서부터 길을 여는 것이다

내륙을 뒤흔든 태풍이
아직 폭풍의 눈을 만들지 않은
새끼들을 풀숲에 쏟아놓고
소멸된 아침

둥근 달팽이 등짝에서

굵은 바람 소리 들려온다

비상구는 바닥 아래 있다

으깨진 빗물이
맨홀 속으로 스며든다
오체투지, 끝도 없다

바닥은 아직 멀었다는 듯
진짜 바닥에 닿기 위하여 물은
저 어둠 속을 또 기어든다

나 저 빗물보다 높은 데서
떨어져 본 적 있었던가 저토록
사지를 떨구어내 본 적 있었던가
진짜 바닥을 찾아 배를 쓸며
맨땅 한번 밀어 본 적 있었는가

이 딴딴한 바닥 아래
더 완벽한 바닥이 있다는 것에
위안 받는 밤

세상 모든 걸음들의 비상구는
바닥 아래 있는 것이었다

봄아

요 며칠 봄 같다 하였는데
벚나무가 꽃을 피우고 말았다

봄꽃은 질러놓은 들불과 같아서
한번 오른 꽃불은 가지와 가지를
나무와 나무를 들판과 산을
순식간에 뒤덮고 말아야 하는데

저 벚꽃, 피다가 멈추었다

오늘부터 한파가 온다는데
꽃샘추위가 눈을 몰고 온다는데
가까스로 가지를 붙든 어린 꽃들이
우리는 이제 어떡하면 좋으냐고
맨살로 부들부들
떨고만 있는 것인데

나는 모르겠다, 봄아!

폐냉장고

— 이상 풍으로

냉장고가냉기를내지아니하여냉장고를버리기로하였소하면냉장고가냉기를폐하여내가냉장고를폐하는일이먼저였다하겠소내가냉장고를폐하여냉장고가냉기를폐한일이먼저였다하겠소냉장고가나를폐하여내가냉기를폐한일이또먼저라하겠소냉기가냉장고를폐하여내가냉장고를폐한일이먼저라하겠소나와냉장고중에누가먼저냉기를폐하고서로를폐하여내가폐인이되고저가폐냉장고가된것인지아무도모르오마는내가냉장고배를열고내장을핥은게먼저라하겠소냉장고가내배를가르고내장을훑은게먼저라하겠소내가냉장고를길바닥에끌어내놓은일이먼저라아니할수있겠소냉장고가나를날마다길바닥에내던져놓은일이먼저라아니할수있겠소폐물건딱지를냉장고이마에다붙이는게순서라하겠소폐물건딱지를내이마에붙이고수거되는것이순서라하겠소우리둘다오래전에버려진아해들이라하오냉기도없고답도없이누가누굴먼저버린것이무슨소용이라하겠소

아귀

하품을 할 때마다
귀밑에서 딱딱 소리가 난다
나도 모르는 사이
턱이 늘어나고 헐거워진 탓이다

아니다
몸은 병을 발견하면
혼자 곧잘 치료도 한다는데
고맙게도 알아서 따악 딱
턱에 대못을 박는 소리다

헐렁해진 아귀에
단단한 경첩을 바짝
달아놓는 중이다

이별에게

바다가 바다만의 것이 아니고
숲이 숲만의 것이 아니라서
여기 온전한 내 것이 없다

그렇다고 바다가 고래의 것이거나
물풀의 것이라 할 수 없고
숲이 나무의 것이거나
이끼의 것이라 할 수 없는 노릇이라서
우린 누구의 누구도 아니었던 것

바다나 숲이나 하는 것들이
다 누구의 것도 아닌 것처럼
우리는 모두 내 것도 네 것도 아닌
각자의 각자들이었을 뿐

사랑이 사랑만의 것이 아니고
이별이 이별만의 것이 아니라서

여기, 온전한 사랑이 없다

부종

오래전부터 나는 건조하였고
침 삼키는 일조차 괴로웠다
의사는 부은 목을 빠져나오며
열은 내 안의 부종에서 오는 거라 하였다

어둠이 이 몸을 빌어 산 후로부터 나는
자주 목이 부었던 것인데 때때로
어둠이 제 몸을 내어보이려 할 때가 있어
그대 방의 꽃잎들과 숱한 그대 입술들이 트고
우리는 함께 신열을 앓기도 했던 것인데
어느 날 흰 대지의 주검을 열고
스물스물 기어나오는 어둠을 본 적 있느냐고
어둠이 땅을 찢고 나온 선명하고 깊은
흔적을 본 적 없느냐고 물었으나
의사는 거기에도
부종처럼 부은 논둑과 모래언덕이 있다 하였다

연가시처럼,
내 안에서 나로 사는 어둠을 없앨 수 있는 건
오직 극약 혹은 이름 모를 알약들
우리는 영영 꽃잎이 지기 전에
또 입술이 다 부르트기 전에
그것을 끄집어 낼 수나 있을는지
마냥 눈이 뜨거웠다
나 몸이 식어 검은 목젖이 열릴 때나
스멀스멀 기어나갈 너의 숙주가 되어
먼 친척 같은 핏줄이 되어
이불 속에서 입술을 깨물리라
아무도 모르게

이 밤, 간신히 삼키는 침을 거슬러
기어오르는 어둠에 다시 목이 붓는다
이렇게 나는 까무러치고 내일 소리를 잃고
한 모레나 글피쯤엔 바스러진 입술을 묻을 것이다

목이 부풀고 부풀어 이불 속에서 나는
부종처럼 오래 부어오를 것이다

내 국적은 층계참

의정부출입국관리소는 2층에 있고, 차도르를 두른 검은 여자는 1층과 2층 사이 안전지대에서 안전하게 울고 있고, 어미라는 절벽에 매달린 아이는 엄마, 우리 타국, 타국, 타국에서 안녕한 것이냐고 딸꾹질을 하고, 며칠 전 고향으로 마지막 전화를 걸었다는 카자흐스탄 여자는 이 건물 옥상에서 뛰어내렸고, 안전지대도 암흑지대도 아닌 여기, 이승과 저승 사이에서 검은 국적을 가진 여자의 눈물을 밟고 피터와 브랜든을 초청하러 가는 길

이들은 그대가 사랑하는 아메리카, 우리가 맹신하는 아메리카, 기계에 손가락을 밀어넣지 않는 아메리카, 밤을 새우지 않는 아메리카, 그대와 사장님으로부터 폭행 당하지 않는 아메리카, 영어를 가르치는 아메리카 대륙의 선생들

울지 마라 차도르, 그대나 나나 우리의 국적은
이층과 저층, 이승과 저승 사이

취해서 봄인가 싶었다가

나는 봄, 마음만 먹으면
조금 더 복잡해질 수 있는 계절
헤벌레 벙글어져서 미친년처럼
나부낄 수 있는 계절
얼음장을 아그작아그작 씹어먹고
내 안에 묻힌 개구리와 뱀들을
풀어줄 수 있는 계절
그러나 나는 봄, 눈 내리는 계절
피도 돌지 않는 땅 속 깊은
도무지 잠에서 깨지 않는 목숨들
숨소리 겨우겨우 엿듣는 계절
나는 봄, 마음만 먹으면
조금 더 가벼워져서 잠이 덜 깬
그것들 밀어낼 수 있는 계절
다른 봄들이 그렇듯, 봄은
늘 텅 비고 짧아 어서 피고 어서 죽네
있으나 마나 한 계절, 나는 봄

경계에서

해변을 걸으며 생각하였다
모래에 찍힌 발자국들처럼
새들도 날갯자국 같은 것이 있으리라는

새들이 떠다니는 높이에는
바람에 찍어놓은 깃자국들이 있어
새들도 미련 같은 것이 있으리라는

바람이 몸을 뒤척일 때
엉키고 마는 비행의 흔적들
저 공중을 빙빙 도는 갈매기처럼
새들도 길을 잃고 헤매기도 하리라는

그 아래서 나는 생각하였다
철썩 바다로 몸을 던지는 발자국들을 보면서

나는 결코
홀연히 홀로되지 않으리라는

계절의 허물

지난밤
내가 아스팔트에 누웠던 것은
술에 취해서도 아니고 얼음처럼
쓸쓸해지고 싶어서도 아니다

얼어서 발가벗고 싶었을 뿐
이 투명한 바람과 언덕을 나는
얼어서 증명하고 싶었을 뿐

한 계절을 벗느라 쾅쾅 언 호수처럼
나도 그런 식으로 얼어서
한 허물 벗고 싶었을 뿐이다
이 허물 다 벗고 붉은 맨살로
봄을 맞고 싶었을 뿐이다

얼음처럼 가만히 숭고해지는 동안
나를 빗느라 날을 세우는 바람과

그 사이 몇 번이고 스멀스멀 다녀가는
봄을 맞고 싶었을 뿐이다

잘 가라, 비명들

긴 비명이 새벽을 찢어놓는다
그들은 이별에 관한 의식을 치르고 있었다
사랑하는 자라면 꼭 한번은 치러야 할
비명의 시간을 맞은 것이다

비명만큼 이별과 어울리는 소리가 있을까
날카롭고 긴 소리에 엮인 행간만큼
간절한 문장이 또 있을까

내가 질렀던 비명들은 어디로 갔을까
나를 찌르고 떠난 비명들은 어디에 있을까
언젠가는 비명이 될 세상 모든
사랑들의 안부를 물을 때
다시 비명이 들렸다

여자가 차를 타고 떠났다
여자를 실은 차가 비명을 치고 달렸다

부서졌다, 만신창이가 되었다 그 길에

고스란히 이별을 추스르던 사내, 그리고
비명을 줍는 나만 남았다

잘 가라, 비명들

이사

보잘것없는 세간 사이
행운목 한 그루 실려간다
누렇게 말라죽은 나무를
세간이라 싣고 가는지
식구라 싣고 가는지
담요까지 말아 살뜰하게
싣고 간다

그건 아무도
모른다는 말이다

옮겨가는 집에서는 운이 트여
죽은 나무에도 백년에 한번
필까말까 하는 꽃이 필는지
모른다는 말이다

죽어도 버릴 수 없는 것

그게 행운이란 말이다

큐브

— 치르치르가 떠났어
걱정 마 나의 여덟 번째 조각
골목을 돌아 푸른 바다가 있어
거기 섬처럼 박혀있는
사막을 돌려 놓으려는 거야

— 바다가 왈칵 쏟아지고 말 텐데
바다는 견고하게 박혀있어
출렁대는 건 모래바람뿐
잃어버린 한 조각 파랑을 찾아오면
게임은 끝날 거야

— 파랑은 치르치르의 방에 있었어
처음부터 색은 뒤섞여 있었어
그걸 알면서도 치르치르는 떠나고
떠남으로 해서 게임은 완전해지지
그 동안 바다 속에서 섬들은 푸르러

— 철커덕, 자꾸 문 열리는 소리가 들려
그리로 조각난 색들이 드나드는 거야
아무것도 못 봤다는 아기의 나라에서
늙은 치르치르가 돌아오는 소리, 쉿
파랑이 채워지네

안녕, 나의 편린들

□ 해설

"시큼한" "生"의 언어 꿈꾸기

고인환(문학평론가)

서영식의 시는 경쾌하고 발랄한 감수성이 삶의 무거움을 거느리는, 보기 드문 개성을 지니고 있다. 그는 "시큼한" "生"의 공삭은 향취를 '젊음'의 언어로 길어 올리고 있다. 군더더기 없이 정제된 이미지의 결을 따라 가다보면 어느덧 곰삭은 삶의 훈훈한 풍경을 만나게 된다. 내면과 풍경, 자아와 세계의 관계망을 시적 형식으로 구조화하는 능력 또한 수준급이다. 절제와 서술, 집약과 표출, 압축과 진술 사이에서 공명(共鳴)하는 서정에 대한 자의식은 긴장과 이완의 변증법을 통해 질박한 삶의 무늬를 포착하는데 기여하고 있다.

감칠맛 나는 언어와 경쾌한 이미지의 연쇄로 삶의 속살

을 헤집는 그의 시의 진경을 감상해 보기로 하자.

누런 쌀밥을 한 입 떠 넣고
삭은 깍두기를 씹는 밤
오득, 오드득 입 안에서
눈 밟는 소리 들려온다

산 입에 어찌 눈이 쌓였는지
누가 이 몸을 걸으려는지

눈 내리는 겨울 덕장
입 벌린 명태 속으로 걸어가는
싸락눈 같은
눈발이 눈발을 밟고
텅 빈 몸으로 드는 소리 같은
오득 오드득

눈발 성성한 입 속, 까마득한
거기가 덕장이다

―「내객來客」 전문

눈 오는 풍경(덕장)과 "쌀밥/ 깍두기"를 씹는 입 속(몸)

을 절묘하게 포개놓은 작품이다. "오득, 오드득" 음식물 씹는 소리는 "눈 밟는 소리"를 소환하고, 이내 "텅 빈 몸으로" 찾아오는 손님을 불러온다. 이렇게 "눈발 성성한 입 속 까마득한/ 거기"(몸)와 "눈 내리는 겨울 덕장"(풍경)이 한 몸이 되는 장면은 가슴 시린 서정의 한 장관이라 할 수 있다. 주목할 점은 이러한 참신한 상상력에 삶을 관조하는 깊이가 내재해 있다는 사실이다. "누런 쌀밥"과 "삭은 깍두기"가 "오득, 오드득"이라는 경쾌한 소리를 통해 투명하고 깨끗한 눈의 이미지로 거듭나며, "눈발이 눈발을 밟고/ 텅 빈 몸으로 드는" 손님으로 전이되는 장면은 눈이 부실 정도이다. 시인은 "누런"과 "삭은"으로 표상되는 진부하고 보잘것없는 일상을 "입 벌린 명태 속으로 걸어가는/ 싸락눈 같은/ 눈발"로 응결시키고 이를 고단한 삶(몸)을 위무하는 "내객"으로 전이시키는 연금술을 발휘하고 있다. 삶을 보듬는 넉넉한 긍정의 시선이 진솔한 내면 성찰을 통해 날카롭게 벼려지면서 투명하고 경쾌한 이미지로 거듭나는 아름다운 풍경이다.

국화차 향기로 어머니를 불러오는 「접신」은 또 어떠한가.

> 건조한 꽃잎이 풀린다
> 찻잔 속에서 꽃대도 없이

말라 죽은 국화가 핀다

숨 놓은 게 아니다
밥 한 술 떠 먹이면
화색이 돌 거라고 울었던
그 날처럼
어머니 훌훌 삼베를 벗는다

죽은 꽃잎이 벗은 수의를
허공이 받아 입는다

콧속으로 그녀, 들어오신다

—「접신」 전문

삶과 죽음을 넘나드는, 단정하면서도 뭉클한 어조가 전통적 한(恨)의 정서를 투명하게 길어 올리고 있는 작품이다. "찻잔 속에서" 말린 꽃잎이 피는(풀리는) 장면을, 어머니의 죽음과 관련된 애틋한 추억과 연결하는 솜씨가 돌올하다. 말라 죽은 국화가 다시 피듯 "그 날"의 어머니가 "훌훌 삼베"를 벗는다. 이윽고 "죽은 국화/ 어머니"가 벗은 "수의"를 "허공"이 받아 입고 시인의 "콧속"(몸속)으로 들어온다. "그녀"들을 맞아들이는 행위가 "접신"이 아니고 무엇이겠는가? 잘 다듬어진 이미지의 연쇄와 "접신"이라는 제목의 함축성, 그리고 삶을 관조하는 웅숭깊은 시선이 화학반응을 일으켜 건조하면서도 아린 향기를 풍긴다. 웬만한 강심장이 아니라면 이 향기에 중독되지 않을 수 없을 것이다.

심상을 갈고 닦아 투명하게 응결시키는 시인의 능력도 능력이거니와, 이를 풀어헤쳐 산문적 일상으로 스며들게 하는 솜씨 또한 이에 뒤지지 않는다.

부고를 받고 급히 역으로 갔습니다 남은 자리는 역방향뿐이라 하였습니다 역으로 가는 방향이라니, 나도 이 역에서 그 역으로 가는 길이라 선뜻 얹혀가겠다 하였습니다 역으로 가는 자리에 얹혀가는 몸이라 자릿값도 헐었습니다 얹혀간다는 건 스스로 방향을 가늠하지 않아도 되는 일이라서 나는 그 많은 역들과 풍경들을 등으로 밀고 갔습니다 얹혀가는 그 방향에는 또 스치고 마는 풍경이란 없어서 보이던 것들이 획 하고 사라지는 일도 없었습니다 되려 보이지 않던 풍경들이 하나씩 나타나 멀리서 산이 되고 있었습니다 얹혀산다는 게 이런 거구나 싶었습니다 보이던 사람들이 순식간에 사라지고 잊혀지는 그 방향을 순방향이라 불러도 될 일인가 하면서, 의자 하나 거꾸로 놓고 앉아 나를 획 스치고 떠난 사람을 나는, 역逆으로 찾아가고 있었습

니다

—「역으로 가다」 전문

"역방향 자리"에서 시작된 시상은 "얹혀가는 몸"(남은 자리/ 헐한 자리)에 대한 사유를 거쳐 "순방향"(일상)에 대한 의문으로 이어지고 이내 "보이지 않던 풍경"의 포착으로 나아간다. "부고를 받고" 망자를 찾는 일은 "휙 스치고 떠난 사람"을 "역逆으로 찾아가"는 행위가 아니고 무엇이겠는가. 죽음은 낯익은 일상을 타고 넘으며 이렇게 우리의 삶에 접속한다.

이렇듯, 서영식의 시에는 산문적 일상의 훈기 또한 배어 있어, 사람 사는 냄새가 흠씬 풍긴다. 그의 시에 젖어들면 취할 수도 있다. 「홍탁」에는 곰삭은 삶의 풍경이 진솔하고 소박한 언어로 형상화되어 있다.

문득 홍어에 탁주가 생각나는 것이었다
잘 삭인 그런 안주들은 잘 삭은 술집에서
제법 삭은 내를 풍기는 사람들만 먹는 것 같아서
나같이 설익은 사람들은 얼씬도 못하는 데 같아서
미루고 미뤘던 홍탁을, 오늘은
떼를 써서라도 먹고 싶은 것이었다
홍탁이 홍어와 탁주가 붙어 생긴 말이라는 것을

홍어와 탁주를 먹어가면서 흔흔하게 취해가면서
절실하게 배우고 싶은 것이었다

잘 삭은 홍어 같은 사람 앞에서
하르르 무너져내려도 좋을 허름한 술집 귀퉁이에서
홍탁은 이래서 삭고, 生은 이래서 삭아
홍어와 탁주가 사는 맛과 다를 바 없는 것이라고
홍어나 삶 같은 말을 홍탁처럼
찰싹 붙여 설명해줄 수 있는 사람과
하루고 이틀이고 취하고 싶은 것이었다

내가 조용히 막걸리 사발을 내려놓을 때
한 점 잘 삭은 홍어를 입에 넣어주는 사람
그리고 나는 말없이 고개를 숙인 채
입 천정이 다 헐도록 씹지도 않고
홍어나 삶이나 하는 그 시큼한 몸을
성체聖體처럼 가만가만
녹여먹고만 싶은 것이었다

—「홍탁」 전문

인용시에는 잘 삭은 홍어 같은 사람, 혹은 홍어 같은 삶에 대한 그리움이 녹아 있다. 시는 삶을 잘 삭이는 것이며,

시인은 "홍어나 삶이나 하는 그 시큼한 몸을/ 성체聖體처럼 가만가만/ 녹여먹고만 싶은" 사람이다. 소박하고 훈훈한 인정이 깃들어 있는 작품이다.

"홍탁"이 풍기는 "삭은 내"에 취해 마음을 풀어헤치고 분위기에 빠져들다 보니, "홍탁이 홍어와 탁주가 붙어 생긴 말이라는 것을/ 홍어와 탁주를 먹어가면서 흔흔하게 취해가면서/ 절실하게 배우고 싶은 것이었다"라는 대목에 시선이 고인다. 시인은 말을 몸으로 체득하고 있지 않은가. "홍탁"은 "설익은" 시인을 곰삭은 삶의 세계로 인도하는 "시큼한 몸"의 언어인 셈이다.

하여, 시인은 "말"(언어)과 "生"(삶) 사이의 심연(深淵)을 건너려는 자이다. 시인이 "비유"가 아니라 "그대로, 生"인 "말"을 꿈꾸는 것도 이와 무관하지 않다.

나 또 태어나면
꽃이었음 좋겠네

활짝 폈다는 말이
살만하다는
비유가 아니라

그대로, 生인

—「꽃」 전문

이렇듯, 서영식의 시에는 "生" 에 닿지 못하는 "말" 의 안타까움이 애틋하게 그려져 있다.

이건 동물의 왕국에서 있었던 일이에요. 당신은 당신에게 물었어요. 네게 단 하나뿐인 창이 있다면 그 창과 함께 목숨도 버려야 한다면 창은 무엇을 보호하는데 쓰겠니? 단 한번 목숨 건 방어를 위하여 얼마나 많은 처죽일 일들 앞에서 너는 창을 거두어야 할까?

이건 동물의 왕국에서 있었던 일이에요. 꿀을 다 먹은 늑대가 죽은 벌들을 밟고 유유히 숲으로 걸어 들어갔어요. 당신은 꾸역꾸역 침을 밀어 넣고 늑대의 마을로 다시 꿀을 찾아 날아갔어요.

—「비창悲槍」 부분

「비창悲槍」은 "목숨" 건 "단 하나뿐인 창(槍)" 을 꿈꾸는 "언어" 의 비애를 알레고리화 한 작품이다. "꾸역꾸역 침을 밀어 넣고" 꿀을 뺏어간 "늑대의 마을로 다시 꿀을 찾아" 날아가는 "벌" 의 비애는, 현실 속에서 현실 너머를 꿈꾸는 서정의 모순된 운명을 시사한다. "단 한번 목숨 건 방어를 위하여" 일상의 모욕을 감내하는 시인의 슬픈 "창"(말)은, "폐쇄"된 "몸"의 문 앞에서 "서성"이는 "둥근 발톱"으로 변주되기도 한다.

살을 파고드는 발톱에 잠을 설친다
몸은 밖으로만 열려 있어
한번 걸어나간 걸음은 물러지지 않는 법
네가 걸어낸 그 많은 길 중에
무르고 싶은 걸음 왜 없었겠는가마는
둥근 발톱이여!
발가락 속으로 들어가는 문은
일찌감치 폐쇄되었다

나 몸 속으로
다시 들고 싶은 날 많았으나
어미도 나를 밀어내고 몸을 닫았다
몸을 태워 몸으로 향하는
모든 틈을 메웠다

나도 너처럼 둥글게 몸을 말고
몸 밖에서 오래 서성거렸다

—「발톱」 전문

시인은 “밖으로만 열려 있어” “들어가는 문”이 “일찌감치 폐쇄”된 “몸 속”으로 다시 들기 위해 “몸 밖에서” 서성이는 존재이다. “몸을 태워 몸으로 향하는/ 모든 틈을 메”운 어미 앞에서 “둥글게 몸을 말고” 몸의 기억을 반추하는 모습이야말로 우리 시대 서정이 직면한 아포리아를 정직하게 보여주는 장면이 아닐까.

시인이 가지고 싶은 언어가 “물 속에서 물을 비집고 물의 틈을 여는” “물고기”의 “말”, 즉 “외계”의 “상형문자”인 이유도 이 때문이다.

둥근 수반 속 금붕어들이
동그랗게 입술을 말아올리고
물 밖으로 내뱉는 소리들을
나는 알아듣고 싶은 것이다

수조 속 늙은 고기떼들의
언어를 받아 적어보면 안다
동그란, 동그란, 동그라미 속
물고기들의 낱말들은 수면 위로 떠올라
물 밖에서 바람과 소통한다는 것을
그것은 물 속에서 띄우는

바람의 상형문자라는 것을

나도 그런 언어를 갖고 싶은 것이다
물 속에서 물을 비집고 물의 틈을 여는
심해에서 띄어올리는 낱말이
나와 상관없는 먼 세계에서
사랑이 되기고 하고 고독이 되기도 하는
아무에게 보이지도 읽히지도 않는

저 둥글고 힘센
물고기의 주둥이를 닮은 말 하나를
먼 외계로 띄워올리고 싶은 것이다

—「소통」 전문

"물 밖에서 바람과 소통" 하는 "물고기" 의 언어는, 시인과 "상관없는 먼 세계에서/ 사랑이 되기도 하고 고독이 되기도 하는/ 아무에게 보이지도 읽히지도 않는" 그런 언어이다. '이곳' 에서 '저곳' 으로 건너가는 언어인 셈이다.

서영식의 시는 "홍탁" 과 같은 물컹한 삶의 속살(몸)로 스며들기도 하고, "물고기의 주둥이를 닮은 말 하나를/ 먼 외계로 띄워올" 리는 비상을 꿈꾸기도 한다. 그의 시에는 '현실' 과 '현실 너머' 가 길항(拮抗)하며 빚어내는 슬프고도 아름다운 풍경이 음각되어 있다. 이 꿈꾸기가 우리가 발 디디고 있는 삶의 현장에 굳건히 뿌리내리고 있다는 사실에 주목할 필요가 있다. 더불어 구체와 추상, 일상과 존재를 자유자재로 넘나드는 이미지의 연금술이나, 진솔한 삶이 풍기는 맛깔스러운 분위기를 섬세하게 되살리는 언어의 무늬 등은 새로운 감수성의 발현이 화두가 된 우리 시단에 잔잔하지만 의미 있는 파장을 일으키기에 부족함이 없다.

소박한 삶의 인정미를 물씬 풍기면서도 언어에 대한 치열한 자의식이 투영되어 있는 그의 시를 통해, 진부한 일상의 껍질을 뚫고 존재의 본질에 육박하는 투명한 언어들의 향연에 동참하는 즐거움을 누렸다.

이제 서영식 시인에게 전통 서정과 새로운 서정을 잇는 가교(架橋)의 역할을 기대해 보기로 하자. 시의 본질을 소외시키지 않으면서 새로움을 추구하는 그 어디에서 서정의 갱신이 이루어진다는 사실을 수용한다면, 젊음의 감각으로 전통 서정을 타고 넘는 서영식의 시편들은 이러한 믿음을 불러일으키기에 부족함이 없지 않은가.